AF572954

Tierfabeln für Kinder

Tierfabeln für Kinder

Neu erzählt von Elke Leger
Illustriert von Anne Bernhardi

ANACONDA

Penguin Random House Verlagsgruppe FSC® N001967

Die Deutsche Nationalbibliothek verzeichnet diese Publikation in der Deutschen Nationalbibliografie; detaillierte bibliografische Daten sind im Internet unter http://dnb.d-nb.de abrufbar.

Umschlaggestaltung: dyadesign, www.dya.de,
unter Verwendung einer Illustration von Anne Bernhardi
Satz und Layout: Andreas Paqué, www.paque.de
Druck und Bindung: Mohn Media Mohndruck GmbH, Gütersloh
Printed in Germany
ISBN 978-3-7306-0658-2
www.anacondaverlag.de

Inhalt

Die Feldmaus in der großen Stadt

Die Feldmaus war zufrieden. Den ganzen Herbst über hatte sie geschuftet, Samen, Nüsse und Würzelchen zusammengetragen, und nun war ihre Vorratskammer gut gefüllt. Der Winter konnte kommen. Es war mehr, als sie brauchen würde in den bitterkalten Monaten, wenn sie draußen nichts fand. Ich könnte doch, dachte sie, die Hausmaus, zu mir einladen. Zusammen zu essen macht mehr Spaß, als allein an Nüssen und Kräutern zu nagen. So setzte sie sich hin und schrieb ihrer Freundin einen Brief: „Liebe Hausmaus", schrieb sie, „ich lade dich herzlich zum Abendessen ein. Würde dir der Freitag passen? Deine Feld-

maus.“ Dann bat sie die Brieftaube, in die Stadt zu fliegen und der Hausmaus die Botschaft zu überbringen. Nach kurzer Zeit war die Taube zurück. Um ihren Fuß war ein Zettel gebunden. Darauf stand: „Liebe Feldmaus, danke für die Einladung. Ich komme gern. Bis dann! Deine Hausmaus.“

Am Freitag deckte die Feldmaus liebevoll den Tisch. Ein Schüsselchen mit Mais, ein Schüsselchen mit Hirse. Ein großer Teller mit Linsen, ein kleiner Teller mit Rüben. Eine Salatschüssel mit wilden Kräutern, ein Töpfchen mit Pilzen. Das wird ihr schmecken, dachte die Feldmaus. Es gibt doch nichts Besseres als die gute Landmausküche!

Und schon klingelte es an der Tür. Die Stadtmaus trat ein. Als Gastgeschenk hatte sie eine kleine Blume mitgebracht. Neugierig sah sie sich in der Wohnung der Feldmaus um. „Ein bisschen wenig Platz hast du“, meinte sie schließlich. „Da sind die Stadtwohnungen doch größer!“

„Ich bin damit zufrieden“, entgegnete die Feldmaus. „Mehr brauche ich nicht.“

Sie setzten sich an den Tisch. „Greif zu!“, rief die Feldmaus. „Die Kräuter sind in diesem Jahr sehr

aromatisch. Und die Baumwurzeln schmecken wunderbar!“

Die Hausmaus sah von einem Gericht zum anderen. Schließlich nahm sie einen Löffel Hafer und schob ihn in den Mund. Sie rümpfte die Nase. „Da fehlt mir ein wenig Beilage“, gestand sie. „Ein leckeres Sößchen vielleicht, oder ein Klecks Sahne!“

Sie kostete von den Kräutern, knabberte einige trockene Bohnen und nagte an einer Rübe. Schließlich schob sie ihren Teller zurück. „Hab Dank für das Essen!“, sagte sie. „Aber wenn ich ehrlich sein soll, ist das nicht ganz mein Geschmack. Nicht nur die Wohnung, auch dein Speiseplan ist wirklich sehr schlicht.“

Die Feldmaus senkte den Kopf. „Es tut mir leid, dass es dir nicht geschmeckt hat“, sagte sie leise.

„Ach, das macht doch nichts!“, rief die Hausmaus. „Weißt du was? In der nächsten Woche kommst du zu mir zu Besuch! Dann zeige ich dir, wie gut wir Mäuse es in der Stadt haben und wie lecker dort das Essen ist! Du kannst auch ein paar Tage bei mir wohnen. Abgemacht?“

„Abgemacht“, sagte die Feldmaus.

Wenige Tage später packte die Feldmaus ihre kleine Reisetasche und machte sich auf den Weg in die Stadt. Wie groß hier alles war! Viele Trippel-Mäuseschritte waren nötig, um die breite Hauptstraße zu überqueren. Gerade noch rechtzeitig konnte sie sich auf die andere Straßenseite retten, sonst hätte ein Lastwagen sie überfahren. Sie blick-

te nach oben zu den hohen Häusern. Für eine Feldmaus wie sie, die in einem Erdloch lebte, war es kaum zu glauben, dass man in so einem riesigen Gebäude wohnen konnte. Endlich war sie beim Haus der Stadtmaus angekommen.

Gerade wollte sie klingeln, als ihre Freundin unten aus einer Ritze in der Haustür hervorschaute. „Komm rein, komm rein!“, flüsterte sie. „Aber schnell. Und leise! Sonst entdecken uns die Menschen!“ Und schon war sie wieder verschwunden. Die Feldmaus folgte ihr. Sie huschten die Treppe hinauf. In einer Wohnungstür gab es einen schmalen Spalt. „Hier ist es!“, sagte die Hausmaus. „Hier wohne ich.“ Hastig nahm sie ihre Freundin bei der Hand und zog sie hinein. „Das ist der schönste Raum!“ Sie zeigte auf die Küche. „Hier werden wir es uns gemütlich machen.“

Flink kletterten die beiden am Esstisch hinauf. Darauf befanden sich herrliche Dinge: Brot und Speck und Käse, ein paar Blättchen Salat, ein Töpfchen mit Sahne und sogar einige Käserinden. „Bedien dich!", sagte die Hausmaus. „Alles gehört uns!" Sie schob ihrer Freundin ein Bröckchen Speck zu. Aber die Feldmaus schüttelte den Kopf. „Dann vielleicht ein Schlückchen vom süßen Rahm?" Wieder nahm die Feldmaus nichts an.

„Du musst wissen", sagte sie schließlich, „dass ich so etwas nie esse. Ich ernähre mich von dem, was Wald und Feld mir geben. Fleisch, Käse oder Sahne – nein, das ist nichts für mich!"

„Schade", sagte die Hausmaus mit vollen Backen. „Dann nimm doch ein wenig Salat!"

In diesem Moment hörten die beiden ein Geräusch. Es war ein Schlüssel, der sich im Türschloss drehte. „Wir müssen endlich die Tür reparieren", sagte eine Männerstimme. „Du hast recht, sagte eine Frauenstimme. „Sonst kommen durch den Spalt noch Mäuse in die Wohnung!"

Wie der Blitz kletterte die Hausmaus an einem Tischbein hinab und verschwand in einem Loch

hinter einer lockeren Fußbodenleiste. „Komm schnell!“, piepste sie der Feldmaus zu. „Hier sind wir sicher!“

Kaum hatte die Feldmaus das Loch in der Wand erreicht, standen die Menschen in der Küche. „Ich werde mal den Tisch abräumen“, meinte der Mann.

„Hm, Pech gehabt“, flüsterte die Hausmaus ihrer Freundin zu. „Aber morgen finden wir hier wieder die herrlichsten Dinge. Du wirst sehen!“

„Ach, liebe Freundin“, entgegnete die Feldmaus. „Sei mir nicht böse, aber das Leben in der Stadt ist nichts für mich. Die großen lauten Straßen machen mir Angst. Und das Essen, nun ja, wer’s mag. Ich bleibe lieber bei meinen Körnchen und Nüsschen und Kräutern.“ Nach diesen Worten schnappte sie sich ihre kleine Reisetasche und machte sich vergnügt auf den Heimweg.

Die Fabel zeigt uns: Der eine so, der andere so. Wer ruhig und bescheiden lebt, ist vielleicht glücklicher als derjenige, der viel besitzt, aber gestresst ist.

In der Höhle des Löwen

Immer diese Schufterei", sagte der Löwe zu sich selbst. „Tag für Tag muss ich mich abplagen, um etwas zu fressen zu bekommen. Auf die Jagd zu gehen ist kein Kinderspiel. Abends bin ich fast zu müde, um die Beute zu fressen. Ob das nicht auch einfacher gelingen könnte?" Er dachte nach. Und schon bald hatte er einen Plan.

Mit Stift und Papier setzte er sich in den Schatten einer Palme und begann zu schreiben. „Liebe Tiere der Wüste", schrieb er, „meine verehrten Untertanen! Wie ihr alle wisst, bin ich schon ziemlich alt. Meine Augen sind schlecht geworden und meine Krallen stumpf. Ich werde bald sterben. Doch be-

vor der Tod zu mir kommt, möchte ich mich von euch verabschieden, von jedem Einzelnen. Bitte besucht mich doch morgen in meiner Höhle, damit ich euch Lebewohl sagen kann!“

Mit dieser Botschaft schickte er drei kleine Wüstenmäuse los, die die Nachricht allen Tieren des Landes vorlesen sollten. Zufrieden lächelnd legte er sich dann in seine Höhle und wartete ab.

Schon am nächsten Morgen kamen die ersten Tiere zur Löwenhöhle, um sich von ihrem Herrscher zu verabschieden. Alle hatten sie einen Abgesandten geschickt, das Flusspferd und der Flamingo, das Kamel und der Kranich, die Schlange und der Schakal und die anderen Tiere der Wüste.

Nacheinander traten sie in die dunkle Behausung ihres Königs ein. Für den Büffel und die Antilope mit ihren großen Hörnern war es gar nicht einfach, in die Höhle zu gelangen, ohne stecken zu bleiben. Und die Giraffe musste ihren Hals tief beugen, um durch der Eingang zu passen. Nur der Fennek, der kluge Wüstenfuchs, war nicht unter den Besuchern. Auch er war zu der Höhle gekommen, aber er ging nicht hinein wie die anderen Tiere, sondern

versteckte sich hinter einem Felsen in der Nähe und wollte erst einmal beobachten, was passierte.

Er sah, wie alle nacheinander in der Höhle verschwanden. Und schon nach kurzer Zeit wunderte er sich. Denn keines der Tiere sah er wieder herauskommen. So viele Leute passen doch gar nicht in die Höhle, dachte der Fuchs. Wo sind sie denn bloß geblieben?

Abends schlich sich der Fuchs zum Eingang und spähte hinein. Ganz hinten in einer finsteren Ecke sah er den Löwen auf einer prunkvoll bestickten Decke liegen. Er war allein. Sein Bauch war dick und rund, als hätte er gerade mehr als genug gefressen.

„Guten Abend, Majestät!“, rief der Wüstenfuchs mit seiner hellen Fuchsstimme in die Höhle hinein. „Hat Euch der Besuch Eurer Gäste Freude gebracht?“

„Oooooh jaaaa!“, grollte die raue Stimme des Löwen durch die steinerne Halle. „Ich habe sehr freundliche Untertanen! Einige von ihnen brachten mir sogar Geschenke!“

„Da hast du recht“, erwiderte der Fuchs. „In unserer Wüste leben wirklich ausgesprochen nette Tiere!“

„Aber was ist mit dir?“, fragte der Löwe und erhob sich von seinem Lager. „Du hast mich noch gar nicht besucht. Komm, tritt ein!“

„Das werde ich gern tun“, sagte der Fuchs. „Aber zuvor eine Frage. Wo sind sie denn alle geblieben, die vielen Gäste?“

„Ach“, seufzte der Löwe. „Nett sind meine Untertanen ja wirklich. Aber auch etwas langweilig! So habe ich sie wieder nach Hause geschickt! Du aber, mein lieber Fuchs, wirst mir keine Langeweile bringen. Komm endlich herein!“

Nun wusste der Fuchs, was den Tieren widerfahren war. Der Löwe hatte sie zu sich gelockt und alle nacheinander verspeist. Und das wollte er nun auch mit dem Wüstenfuchs tun.

So sagte der Fuchs zum Löwen: „Ich möchte Euch, verehrter König, erst einmal ein Rätsel aufge-

ben. Wenn Ihr die Antwort wisst, komme ich gern zu Euch in Eure Höhle."

Der Löwe wurde neugierig. „Ich liebe Rätsel. Was willst du wissen?"

„Gut", sagte der Fuchs. „Hier also meine Frage: Was ist wohl mit Gästen passiert, die zu einer Einladung gingen, aber nicht zurückkehrten?"

Der Löwe schwieg.

„Könnte es sein", sagte der Fuchs, „dass sie im Bauch ihres Gastgebers gelandet sind?"

„Fort mit dir", brüllte der Löwe. Einen solchen Gast wie dich empfange ich nicht! Du bist mir einfach zu klug!"

Der Fuchs legte den Kopf schief und sah den Löwen lächelnd an. „Ein wenig nachzudenken hat noch niemandem geschadet", sagte er. „Mir hat es soeben das Leben gerettet." Und fröhlich ging er nach Hause.

Die Fabel zeigt uns: Wir sollten nie etwas tun, nur weil andere es uns vormachen. Besser ist es, seinen eigenen Kopf zu gebrauchen.

Die gefräßige Ziege

Über Stock und Stein rannte die Ziege, die Hügel hinauf und hinab. Mit ihren Hörnern verfing sie sich in einem Ast, riss sich los und rannte weiter. Aber so schnell sie auf ihren dünnen Beinchen auch sprang, ihre Verfolger kamen immer näher.

„Ich kann nicht mehr!“, japste sie. „Gleich haben sie mich.“

Drei wilde Hunde jagten hinter ihr her. Und hätten sie sie erwischt, wäre es der armen Ziege schlecht ergangen. Denn die Hunde waren groß, und groß war auch ihr Appetit auf Ziegenfleisch. Ich muss mich verstecken, dachte die Ziege. Das ist die einzige Möglichkeit, mich zu retten.

Sie hatte Glück. Vor sich sah sie einen Weinberg. Die Ziege lief zwischen die Reben. Hier würden die Hunde sie nicht entdecken. Die dichten Weinblätter verbargen sie so gut, dass sie nicht mehr zu sehen war. Kläffend sprangen die großen Hunde an ihr vorbei.

Mmm, wie gut das duftet, dachte die Ziege. Direkt vor ihrer Nase hingen die saftigen grünen Weinblätter. Und da Ziegen nichts lieber fressen als frische zarte Pflanzen und Blätter, begann sie an einem Weinblatt zu knabbern. Das schmeckte so gut! Im Nu hatte sie es ganz vom Stängel gezupft und aufgefressen. Und weil es so lecker gewesen war, machte sie sich gleich über das nächste Blatt her. Rechts und links und oben und unten und vorne und hinten fraß sie die Blättchen von den Stängeln. Sie konnte mit dem Fressen gar nicht mehr aufhören. Ein Blatt nach dem anderen wanderte in ihren Bauch.

Die wilden Hunde hatten inzwischen gemerkt, dass sie die Ziege verloren hatten. Wütend liefen sie zurück, dem Weinberg zu. Schon von Weitem entdeckten sie dort die Ziege. Denn alle Blättchen

um sich herum hatte sie weggeknabbert. Ganz ohne Schutz stand sie da und meckerte ängstlich, als sie die Hunde sah: „Mä-ä-ä-ä!"

Nur durch einen Sprung zur Seite konnte sie sich vor den Hunden retten, die begannen, sie erneut zu verfolgen. Und als sie die Hügel erneut auf und ab lief, dachte sie: Die Weinreben waren so nett zu mir und haben mich vor der wilden Hunden ver-

steckt. Warum musste ich so undankbar sein und alle Blätter auffressen! Es geschieht mir ganz recht, dass ich wieder auf der Flucht sein muss.

Die Fabel zeigt uns: Wenn uns jemand etwas Gutes tut, sollten wir dankbar sein. Sonst schaden wir uns vielleicht selbst.

Wie die langsame Schildkröte den flinken Hasen besiegte

Langsam schob sich die Schildkröte durch den heißen Sand der Wüste. Fuß für Fuß setzte sie vorwärts, um zu einem Baum zu gelangen, der ihr Schatten bieten konnte. Das beobachtete ein Hase. Er sprang auf die Schildkröte zu und klopfte auf ihren Panzer: „Hallohallohallo!“, rief er kichernd. „Jemand zu Hause?“

Die Schildkröte kümmerte sich nicht um den Hasen und kroch weiter. Schritt für Schritt für Schritt. Der Hase sprang lachend um sie herum.

„Wenn man dich so sieht“, meinte er, „könnte man glauben, du würdest dich gar nicht bewegen. Wie kann man nur so langsam laufen!“

Die Schildkröte tat, als hörte sie die Worte des Hasen nicht.

„Wie lange brauchst du denn für einen Meter?“, fuhr er fort. „Drei Jahre?“ Und er musste so lachen, dass er sich zu Boden warf und den Bauch hielt.

Da blieb die Schildkröte stehen. Gemächlich reckte sie ihren Kopf dem Hasen entgegen und sagte ruhig: „Lach nur, lieber Freund! Jedem Tierchen sein eigenes Tempo!“

„Jajaja“, gab der Hase zurück. „Aber ich bin doch sehr froh, dass ich selbst – hopps! – schnell von einem Ort zum andern kommen kann!“ Und um es zu beweisen, machte er einen hohen, weiten Hüpfer. Dann sah er sich nach der Schildkröte um. „Mach das mal nach!“, kicherte er.

„Warum sollte ich?“, fragte die Schildkröte. „Ich muss nicht schnell sein. Ich komme auch so an mein Ziel. Und manchmal vielleicht sogar eher als du.“ Das war zu viel für den Hasen. Vor Lachen konnte er kaum sprechen.

„Dann können wir ja“, japste er, „einen Wettlauf veranstalten! Du gegen mich und ich gegen dich! Das wird ein Spaß!“

Die Schildkröte nickte. „Das können wir tun. Dann sehen wir ja, wer von uns beiden besser vorankommt.“

Der Tag des Wettlaufs war gekommen. Die Tiere der Wüste zogen einen Strich in den Wüstensand.

Das war die Startlinie. In einiger Entfernung legte sich eine Klapperschlange ausgestreckt auf den Boden. Das war das Ziel. Nun stellten sich die Zuschauer entlang der Laufbahn auf und warteten gespannt auf den Beginn des Rennens.

Die Schildkröte und der Hase begaben sich zur Startlinie. Ein Affe kreischte „Auf die Plätze, fertig … los!“, und schon sprang der Hase die Bahn entlang. Auch die Schildkröte hatte sich in Bewegung gesetzt. Schritt für Schritt schob sie sich vorwärts, wie man es von ihr kannte. Fast hatte der Hase das Ziel erreicht, da machte er kehrt und lief zurück, um seinen Gegner noch ein wenig zu ärgern.

„Na, Kröte, wie viele Millimeter hast du schon geschafft?“, rief er ihr zu. „Ich übe in der Zwischenzeit noch ein wenig Kunstlauf!“ Und er sprang hierhin und dorthin, schlug Haken, verbeugte sich tief vor dem Publikum und hüpfte weiter.

Die Schildkröte ließ sich von den Kunststücken des Hasen nicht ablenken. Ihre Füße zog sie langsam, aber gleichmäßig über der Boden. Die Zuschauer wurden ungeduldig. „Gib Gas!“, rief ein Papagei. „Sonst kommst du nie ans Ziel!“

Die Schildkröte hörte nicht darauf und kroch weiter.

Der Hase aber war von seinen wilden Kunststücken so müde geworden, dass er sich kurz vor dem Ziel in den Sand legte, um ein wenig auszuruhen. Im Nu war er eingeschlafen und wurde erst wieder wach, als die Zuschauer jubelten.

„Die Schildkröte hat gewonnen!", riefen sie. „Sie ist als Erste am Ziel. Die Schildkröte lebe hoch!"

Verwundert rieb sich der Hase die Augen. Er musste zugeben, dass sein langsamer Gegner das Rennen gewonnen hatte. „Gratuliere!", sagte er, denn er war ein fairer Verlierer.

Die Tiere der Wüste aber feierten bis in die Nacht hinein den Sieg der Schildkröte mit einem fröhlichen Fest.

Die Fabel zeigt uns: Schnellsein ist nicht das Wichtigste. Oft kommen wir durch Beständigkeit und Geduld besser an unser Ziel.

Der Esel im Fluss

Ein Bauer trieb seinen Esel durchs Gebirge. Auf den Rücken des Tieres hatte er einen großen Sack mit Salz geladen, das er aus dem Meer gewonnen hatte und nun auf dem Markt in der Stadt verkaufen wollte. „Hü!“, rief er, wenn der Esel bockig stehenblieb. „Hü, mein Grauer, lauf voran. Es ist nicht mehr weit!“ Der Weg war beschwerlich. Der Esel musste sich tüchtig anstrengen, um auf dem felsigen Boden nicht auszurutschen. Aber brav trabte er weiter.

Nach einer Weile kamen der Bauer und der Esel zu einem Fluss. Hier mussten sie hindurch. Als der

Esel das frische Nass an seinen Beinen spürte, bekam er große Lust, im kühlen Wasser ein wenig auszuruhen. Er knickte seine Beine ein und setzte sich mitten hinein in den Fluss. Nur sein Kopf schaute heraus. Der Bauer aber trieb ihn an. „Steh auf! Ausruhen kannst du dich später!" Widerwillig trabte der Esel weiter. Aber was war das? Seine Last schien auf einmal viel leichter zu sein als zuvor! Der große Sack drückte kaum noch auf seinen Rücken und mit leichten Schritten lief der Esel über Stock und Stein bis zur Stadt.

Einige Tage später war der Bauer wieder mit seinem Esel unterwegs. Diesmal bestand die Last auf dem Rücken des Tieres aus Schwämmen, die der Bauer im Meer gepflückt hatte und in der Stadt verkaufen wollte. Wieder kamen der Mensch und der

Esel zum Fluss. Wenn ich mich recht erinnere, dachte der Esel, wurde meine Last ganz leicht, nachdem ich mich in den Fluss gesetzt hatte. Genauso werde ich es auch diesmal tun! So knickte er wieder seine Beine ein und sein Körper verschwand bis zum Hals im Wasser. Auch diesmal trieb ihn der Bauer weiter: „Wir müssen weiter!

Los, steh auf!“ Der Esel erhob sich. Aber wie staunte er, dass seine Last an diesem Tag nicht leichter, sondern viel, viel schwerer geworden war als zuvor. Kaum konnte er sich auf den Beinen halten. Nur mühsam kam er durchs Gebirge und ganz müde und kraftlos erreichte er die Stadt.

Was war geschehen? Das Salz, das der Esel auf seinem Rücken trug, hatte sich im Wasser aufgelöst. Dadurch wurde die Last ganz leicht. Die Schwämme aber saugten sich mit Wasser voll und wurden dick und schwer. So hatte das Wasser dem Esel einmal geholfen und das andere Mal geschadet.

Die Fabel zeigt uns: Wir müssen immer wieder neu überlegen, wie wir ein Problem geschickt lösen.

Das tanzende Kamel

Große Wüstenshow mit Spiel und Tanz", stand auf dem Plakat, das an einer Palme klebte. „Alle sind eingeladen. Treffpunkt beim große Felsen. Der Eintritt ist frei."

Die Tiere machten sich gleich auf den Weg. Der Papagei flatterte über die Wipfel des Regenwalds, die Schlange schlängelte sich durch den Wüstensand, der Affe hangelte sich von Baum zu Baum, der Elefant stampfte über die Steppe, das Kamel trottete über die Hügel und Täler. Am Abend waren sie alle am großen Felsen angekommen. Das Fest konnte beginnen.

Zuerst stand Spielen auf dem Programm. Beim Topfschlagen gewann das Nashorn, denn mit seinem großen Horn fand es den Topf in Nullkommanichts. Beim Wattepusten gewann das Flusspferd, denn wenn es schnaubte, flog die kleine Wattekugel viele Meter weit. Beim Brezelschnappen gewann die Giraffe, denn mit ihrem langen Hals hatte sie keine Mühe, die hoch oben gespannte Schnur zu erreichen und die Brezeln abzuknabbern.

„Und jetzt wird getanzt!“, krächzte der Papagei ins Mikrofon. „Wer am schönsten tanzt, bekommt einen Preis!“

Die Schlange begann. Elegant schlängelte sie auf der Erde hin und her und hin und her.

„Das ist ein bisschen eintönig“, meinte das Gnu. „Immer nur hin und her und kein bisschen rauf und runter? Das verdient keinen Preis!“

Nun meldete sich das Zebra für seine Darbietung. Es galoppierte im Kreis, schüttelte die Mähne und stand für eine kleine Weile sogar auf seinen Hinterbeinen.

„Nicht schlecht“, sagte ein kleiner Wüstenkäfer. „Ich könnte nicht auf meinen Hinterbeinen stehen!“

Jetzt war der Affe an der Reihe. Er sprang auf eine Palme und von dort auf den Felsen. Er hüpfte in die Luft und drehte sich um sich selbst wie ein Propeller. Er warf ein Bein empor und dann das andere. Er ging in die Hocke und sprang dann so hoch, wie es nur Affen können.

„Bravo!“, riefen die Zuschauer und klatschten.

Und das Gnu sagte: „Sehr abwechslungsreich. Der Affe ist der beste Tänzer!“

Etwas abseits stand das Kamel. Hochmütig sah es auf den Affen herab, der sich jetzt verbeugte und dabei noch kurz einen Handstand machte.

„Pah“, sagte das Kamel. „Nichts als Angeberei! Ich kann das viel besser!“

Und schon trottete es in die Mitte und begann seinen Tanz. Zwei Schritte vor und einen zurück. Einen Schritt vor und zwei zurück. Und wieder zwei Schritte vor.

„Das soll Tanzen sein?", rief eine kleine Wüstenmaus.

„Wartet nur ab", entgegnete das Kamel. Es knickte seine vorderen Beine ein und ging mit seinem massigen Körper zu Boden. Dann stand es umständlich wieder auf und hob ein Hinterbein. „Na?", rief es den Zuschauern zu. „So etwas habt ihr noch nicht gesehen, was? Ich bin ohne Frage der beste Tänzer weit und breit!"

„Stimmt nicht, stimmt nicht", riefen die Zuschauer. „Der Affe tanzt viel besser als du!"

Das Nashorn ging auf das Kamel zu und stupste es mit seinem Horn in den Bauch. „Geh lieber nach Hause", sagte es mit seiner tiefen Stimme. „Angeber wollen wir hier nicht haben!"

Beschämt senkte das Kamel den Kopf und stampfte davon.

Die Fabel zeigt uns: Mit anderen in Wettstreit zu treten, die etwas besser können als wir, bringt nichts. Durch Eifersucht und Neid schaden wir uns nur selbst.

Die Gans, die goldene Eier legte

Auf einem Bauernhof gab es einen Gänsestall. Schon von weitem hörte man das Geschnatter und Gegacker. Jeden Morgen sammelte der Bauer die Eier ein und verkaufte sie. Von dem Geld, das er dafür bekam, konnte er gut leben. Hm, dachte er eines Tages, eigentlich könnte meine Gänseherde noch ein wenig größer sein. Je mehr Gänse ich besitze, desto mehr Gänseeier kann ich verkaufen. So machte er sich auf den Weg zum Markt, um eine Gans zu kaufen.

Bald fand er eine Gans, die ihm gefiel. Sie war groß und ihre Federn leuchteten schneeweiß. Die

wird bestimmt wunderbare Eier für mich legen, dachte der Bauer, trug das Tier vorsichtig nach Hause und setzte es zu den anderen Gänsen in den Stall.

Am nächsten Morgen ging er wie jeden Tag mit einem Korb in den Gänsestall, um dort die Eier einzusammeln. Zuerst lief er zu seiner neuen Gans, um nachzusehen, ob sie auch fleißig gelegt hatte. Tatsächlich lag ein Ei in ihrem Nest. Aber es sah anders aus als die Eier der übrigen Gänse. Der Bauer nahm es vorsichtig in die Hand und sah es sich genau an. Es glänzte und funkelte, als sei es aus Gold.

Im Dorf hatte ein Juwelier seinen Laden. Zu dem ging der Bauer mit dem Ei, um es untersuchen zu lassen. Der Juwelier legte das Ei in eine Säure, wog es auf einer Waage und gab es dann dem Bauern zurück.

„Dieses Ei ist zweifellos aus purem Gold“, sagte er. „Wenn Sie es mir verkaufen wollen, zahle ich Ihnen einen guten Preis dafür!“

Der Bauer nickte, und der Juwelier überreichte ihm einen ganzen Beutel mit Geld. Lachend steck-

te der Bauer den Beutel in die Tasche. Er dachte: Wenn meine neue Gans öfter so kostbare Eier legt, werde ich bald der reichste Mann im ganzen Land sein.

So kam es. Tag für Tag fand der Bauer ein großes goldenes Ei im Nest, jede Woche sieben Stück. Er verkaufte sie alle bis auf eines, das er in sein Wohnzimmer legte, um sich für immer daran zu erfreuen. Bald war er so reich geworden, dass ihm sein altes Bauernhaus nicht mehr reichte und er an seiner Stelle ein doppelt so großes Haus baute. Es war so teuer, dass er dafür sein ganzes Geld ausgeben musste.

Eines Tages, als er in seinem funkelnagelneuen Haus in seinem funkelnagelneuen Wohnzimmer saß, fiel ihm das goldene Ei ins Auge. Er nahm es

in die Hand und dachte nach. Es könnte doch sein, dachte er, dass meine Gans nicht nur goldene Eier legt, sondern dass sie selbst aus purem Gold ist! Dann hätte ich einen Schatz, der mich noch viel reicher machte! Was ist schon ein goldenes Ei gegen eine dicke, fette goldene Gans!

Kurzentschlossen sprang der Bauer auf, lief in den Stall und schlachtete die Gans. Aber wie enttäuscht war er, als er sie aufschnitt. Ihr Körper bestand nicht aus Gold, sondern aus ganz normalem Gänsefleisch. Sie war ein Vogel wie alle anderen. So hatte der Bauer, nur weil er noch reicher als reich werden wollte, seinen ganzen Reichtum verloren. Nur ein schöner Gänsebraten war übrig geblieben.

Die Fabel zeigt uns: Wenn uns etwas Glück bringt, sollten wir gut darauf aufpassen und es nicht aufs Spiel setzen.

Der Löwe und die Maus

Im Schatten einer Palme schlief ein Löwe. Den ganzen Tag über war er auf der Jagd gewesen, nun ruhte er sich aus. Den Kopf mit der mächtigen Mähne hatte er auf seine Vorderbeine gelegt, nur hin und wieder zuckten seine Ohren, wenn eine freche Mücke sich darauf niedergelassen hatte. Laut tönte sein Schnarchen durch die hitzeflimmernde Luft: kchchch … kchchch.

In seiner Nähe spielten einige Mäuse Verstecken. Die eine versteckte sich unter den Wurzeln der Palme. Die andere hatte sich unter einem Stein verborgen. Und die dritte, die kleinste und frechste von

ihnen, lief über den Rücken des schlafenden Löwen und fand ihr Versteck in seiner wuscheligen Löwenmähne.

„Sucht mich doch!“, rief sie ihren Geschwistern zu. „Wo bin ich denn? Ihr findet mich nie-hie!“

In diesem Moment erwachte der Löwe. Er schüttelte seinen riesigen Kopf, und die kleine Maus plumpste direkt vor seine Tatzen. Sie wollte davonflitzen, aber schon hatte das Raubtier sie mit seiner großen Pranke erwischt.

Er hob die Maus vor seine Augen und betrachtete neugierig das winzige Wesen. „Soso“, sagte er, „du willst also gefunden werden. Nun, ich habe dich gefunden.“ Er riss sein riesiges Maul auf. Der Maus stockte der Atem.

„Frech bist du, meine Kleine“, brüllte das Raubtier. „Hast du gar keinen Respekt vor dem König der Steppe?“

Die kleine Maus zitterte, und wenn Mäuse blass werden könnten, dann wäre sie weiß wie der Schnee in Lappland geworden. „Verzeiht mir“, piepste sie. „Ich wollte dich ganz gewiss nicht stören. Ich will es auch nie und niemals wieder tun!“

„Naja“, erwiderte der Löwe, der an diesem Tag zum Glück schon satt war, „aber Strafe muss doch eigentlich sein. Oder was meinst du?“

Die kleine Maus senkte ihren Kopf. „Bitte schenk mir das Leben“, flüsterte sie. „Ich werde dir dafür sehr dankbar sein. Und vielleicht kann ich irgendwann auch dir was Gutes tun!“

Der Löwe lächelte. Was konnte eine so winzige Maus ihm schon nützen? Aber da er nicht hungrig war und gute Laune hatte, setzte er die Maus auf den Boden und schenkte ihr die Freiheit.

Einige Tage später war der Löwe wieder auf der Jagd. Vor sich hatte er eine Herde Zebras erblickt. Geduckt schlich er sich an die Gruppe der Tiere heran. Er dachte nur an sein Abendessen und achtete nicht auf die Menschen, die ihm ganz in seiner Nähe auflauerten. Es waren Jäger, die ihn fangen wollten, um sein Fleisch zu essen und sei-

nen Körper ausgestopft an ein Museum zu verkaufen. Im Nu hatten sie ein Netz über den Löwen geworfen. Durch das Netz zogen sie eine Stange, und mit lauten Freudenrufen trugen sie den armen Löwen in ihr Dorf.

Da saß er nun, der Herrscher der Wüste, gefangen in einem Netz, und erwartete seinen Tod. Seine scharfen Krallen konnten gegen die engen Maschen nichts ausrichten. Verzweifelt begann er zu brüllen. Er brüllte, dass die Steppe erbebte und sich die Tiere erschrocken versteckten.

Auch die kleine Maus, der er das Leben geschenkt hatte, hörte das Brüllen. Auf ihren flinken Beinchen trippelte sie ins Dorf, in dem der Löwe gefangen war. „Du musst nichts befürchten", piepste sie. „Ich werde dir helfen!" Und mit ihren kleinen Knabberzähnen begann sie das Netz zu zernagen. Viele Stunden brauchte sie, bis das Loch im Netz groß genug war, dass der Löwe herauskam. Endlich, kurz vor Morgengrauen, war es geschafft.

Nachdem er befreit worden war, setzte sich der Löwe vor die kleine Maus und sah sie nachdenk-

lich an. „Ohne dich, meine Kleine, würde ich bald nicht mehr leben. Hätte ich dich damals getötet, wäre das mein eigener Tod gewesen. Hab vielen Dank!“

„Keine Ursache!“, piepste die Maus und verschwand.

Die Fabel zeigt uns: Wir sollten niemanden verachten. Auch diejenigen, die wir vielleicht zuerst nicht ganz ernst nehmen, können gute Freunde werden und uns irgendwann in der Not helfen.

Herr Fuchs und Herr Storch

Herr Storch war ein freundliches und stolzes Tier. Im Winter hatte er mit seiner Frau in Afrika Urlaub gemacht, erst kürzlich waren die beiden zurückgekehrt. Denn es wurde bald Frühling.

Neben dem Haus, auf dessen Dach Familie Storch ihr Nest bezogen hatte, wohnte ein Fuchs in seinem Bau. Und da die beiden so nahe beieinander lebten, blieb es nicht aus, dass sie sich oft begegneten und ins Gespräch kamen.

„Gut, dass der lange Winter vorbei ist“, sagte der Fuchs. „Mir ist zwar ein dichtes Winterfell gewachsen, aber die Kälte ist mir doch oft durch Mark und Bein gezogen.“

„Jaja“, klapperte der Storch, „mir wäre dieses Wetter viel zu ungemütlich. Darum reise ich im Herbst immer mit meiner Frau in den Süden. Da kann man es aushalten!“

Diese Worte machten den Fuchs etwas neidisch. Flügel müsste man haben, dachte er, und wie die Störche in den Süden ziehen, wenn hier der Frost vor der Tür steht.

In der Nacht konnte er kaum schlafen, so sehr wuchs in ihm der Neid auf den schönen schwarzweißen Vogel mit dem leuchtend roten Schnabel, der dem kalten Winter entfliehen konnte. Und da Füchse nun mal gern Schabernack treiben, überlegte er hin und her, wie er dem Storch eins auswischen konnte. Die ganze Nacht grübelte er, dann hatte er einen Plan.

„Hallo, Herr Storch“, rief er am nächsten Morgen zum Nest empor. „Haben Sie einen Moment Zeit?“

„Aber ja“, antwortete der Storch. Er hatte gerade auf den vier Eiern gebrütet, aus denen bald seine Kinder schlüpfen würden. Nun übernahm seine Frau die Aufgabe, und der Storch segelte mit seinen breiten Schwingen auf den Erdboden. „Was gibt’s denn, Herr Fuchs?“, fragte er neugierig.

Der Fuchs sah ihn treuherzig an. „Uns verbindet doch eine nette Bekanntschaft, ja, man könnte sagen, Freundschaft!“

„So ist es“, gab der Storch zurück.

„Darum habe ich mir überlegt …“, der Fuchs machte eine kleine Pause. Dann sprach er mit zuckersüßer Stimme weiter: „Ich möchte Sie gern für morgen Abend zum Essen einladen. Es gibt Fischsuppe, Entenragout und Krötenpudding!“

Oh, da lief dem Storch das Wasser im Schnabel zusammen. „Das ist sehr freundlich von Ihnen, Herr Fuchs. Ich danke für die Einladung.“

Am nächsten Tag pünktlich um halb sieben klingelte der Storch an der Wohnung des Fuchses. „Herein und herzlich willkommen!“, rief der Fuchs. „Gleich ist das Essen fertig!“

Herr Storch nahm am Tisch Platz. Er hörte in der Küche Töpfe scheppern und Geschirr klappern. Endlich kam Herr Fuchs mit einem großen Tablett herein. Hmm, wie freute sich der Storch auf die herrlichen Speisen! Der Fuchs stellte die Teller auf den Tisch und setzte sich.

„Guten Appetit, Herr Storch." Dann machte er sich über das Essen her. „Köstlich", rief er. „Es geht doch nichts über eine gut abgeschmeckte Fischsuppe!"

Der Storch aber tauchte seinen langen Schnabel vergeblich in die Suppe. Nicht ein Tröpfchen davon fand den Weg in seinen Magen.

„Das tut mir aber leid", sagte der Fuchs scheinheilig und brachte den Teller in die Küche, der so voll war wie zuvor.

Dann servierte er das Entenragout. Auch dieses Essen hatte er auf einem flachen Teller angerichtet. Enttäuscht legte der Storch seinen Kopf schief. Nein, auch das konnte er nicht essen. Sein Schnabel war dazu gemacht, Frösche und Fische aus dem Sumpf zu ziehen, aber nicht von flachen Tellern zu essen. Enttäuscht schob er den vollen Teller von sich. Der Fuchs lächelte.

„Den Nachtisch, den empfehle ich Ihnen ganz besonders“, sagte er. „Für meinen Krötenpudding bin ich berühmt!“

Ist der Nachtisch gut, ist alles gut, dachte der Storch und freute sich auf seine Leibspeise. Aber wie enttäuscht war er, als auch der leckere Krötenpudding in einem flachen Schälchen auf den Tisch kam. So sehr sich Herr Storch auch bemühte – keinen Bissen bekam er in seinen Schnabel.

„Schmeckt es Ihnen denn nicht?“, fragte der Fuchs.

„Doch, doch“, gab der Storch zurück. „Sie sind ein guter Koch. Und ein sehr netter Gastgeber! Ich würde mich freuen, auch Sie zum Essen einladen zu dürfen. Sagen wir morgen Abend um halb sieben? Es gibt Hühnerbeinchen, Rührei und zum Dessert ein leckeres Würmerkompott!“ Dann verabschiedete er sich freundlich.

Der schlaue Fuchs ahnte, dass der Storch ihm ebenfalls einen Streich spielen wollte. Aber trotz allem war er ein höfliches Tier. Darum musste er die Einladung annehmen.

Am nächsten Abend also war der Fuchs beim Storch zu Gast. Er war sehr hungrig, denn er hatte

den ganzen Tag über nichts gegessen. Aus der Küche duftete es herrlich. Und schon kam der Storch mit der herrlichen Vorspeise. Er hatte sie in ein hohes Glas gefüllt, das er dem Fuchs servierte.

„Guten Appetit!“, sagte er, zog mit seinem langen Schnabel das Hühnerbein aus dem Glas und ließ es sich schmecken.

Der Fuchs aber kam mit seiner Schnauze an die Speise einfach nicht heran. So sehr er sich auch mühte, seine Schnauze war zu kurz. Er konnte das Fleisch aus dem hohen Glas nicht hervorholen. Da ahnte er, dass er hungrig nach Hause gehen würde, so wie am Tag zuvor der Storch.

Und so war es. Auch den zweiten Gang hatte der Storch in ein hohes Gefäß gefüllt, ebenso den Nachtisch, auf den sich der Fuchs so sehr gefreut hatte. Er schaffte es nicht, auch nur ein einziges Würmchen zwischen seine Zähne zu bekommen. Hungrig schlich er nach Hause.

Die Fabel zeigt uns: Wer anderen einen Streich spielt, wird oft selbst hereingelegt.

Der habgierige Hund

Wuff", bellte der große Hund mit seiner dunklen, rauen Hundestimme.

„Wuffwuff", bellte der kleine Hund mit seiner hellen Kläffstimme.

Der kleine Hund sah den großen Hund ängstlich an. In seinen Pfoten hielt er ein Stück Fleisch, das er gerade vom Metzger geschenkt bekommen hatte. Nun nahm er es fest zwischen die Zähne, damit niemand es ihm wegnehmen konnte.

Doch der große Hund war ein sehr großer Hund. Er kam näher. Und er knurrte so gefährlich, wie nur sehr große Hunde knurren können: „Her damit, aber flott!"

Das ist kein freundlicher Gefährte, dachte der kleine Hund. Lieber ein Stück Fleisch hergeben als das Leben. So ließ er das Stück Fleisch liegen und rannte fort.

Schon hatte es der große Hund im Maul. Zufrieden stolzierte er mit seiner Beute durchs Dorf. „Es ist gut, wenn man so groß ist wie ich“, dachte er. „Gegen mich haben kleine Kläffer keine Chance!“

Der große Hund kam zum kleinen Fluss, der sich durch das Städtchen schlängelte. Drüben auf der anderen Seite gab es einen Wald. Dort würde er sich gemütlich unter einen Baum legen und in aller Ruhe das schöne Stück Fleisch verspeisen.

Über den Fluss führte eine schmale Brücke. Als der große Hund sie überquerte, blickte er nach unten ins Wasser. Doch was sah er da! Einen Hund sah er, der wie er selbst ein großes Stück Fleisch in seinem Maul hielt. War dieses Stück Fleisch nicht sogar größer als das, das er erbeutet hatte? Und da der große Hund nicht nur frech, sondern auch gierig war, stürzte er sich kopfüber in den Fluss, um dem anderen Hund das Fleisch abzujagen. Seine Zähne schnappten nach dem Gegner, und dabei fiel

das Fleisch aus seinem Maul. Es versank im Fluss, immer tiefer und tiefer.

Und wo war der andere Hund geblieben? Er war verschwunden, und auf dem Wasser kringelten sich kleine Wellen. Erst jetzt merkte der große

Hund, dass er sich getäuscht und sein eigenes Spiegelbild angegriffen hatte. Im Wasser war niemand außer ihm selbst.

Ich muss mir mein Stück Fleisch zurückholen, dachte er. Er versuchte, auf den Grund des Flusses zu tauchen. Aber das Wasser war zu tief. Wütend kletterte der habgierige Hund zurück auf die kleine Brücke, schüttelte sich und trabte davon.

Die Fabel zeigt uns: Oft ist es besser, mit dem zufrieden zu sein, was man hat. Wer gierig ist und immer mehr bekommen möchte, besitzt zum Schluss gar nichts.

Wie sich die Fledermaus vor den Katzen rettete

Eine kleine Fledermaus hing an einem Baum und schlief. Mit ihren Füßen hatte sie sich an einem Ast festgekrallt, ihr Kopf hing nach unten, so wie Fledermäuse eben schlafen. Sie träumte. Im Traum flog sie über dunkle Wälder und weite Felder. Und weil sie meinte, sie würde wirklich fliegen, begann sie zu zappeln und zu strampeln. Ihre Krallen lösten sich vom Ast und sie plumpste auf die Erde. „Aua!“

Das hatte eine wilde Katze gehört, die im Wald wohnte. Wie der Blitz schoss sie auf die arme Fledermaus zu, die ihre Beule am Kopf rieb.

„Hab ich dich!“, rief die Katze.

„Oh-oh-oh“, piepste die Fledermaus. „Bitte nicht fressen!“

„Warum sollte ich dich nicht fressen?“, entgegnete die Wildkatze. „Du wirst mir sogar besonders gut schmecken! Vögel sind mein Leibgericht!“

„Vögel?“, fragte die Fledermaus. „Aber sieh mich doch an! Ich bin gar kein Vogel. Habe ich vielleicht Federn? Habe ich einen Schnabel?“

„Ja, was bist du denn dann?“, fragte die Katze.

„Na, eine Maus bin ich!“, rief die Fledermaus. „Schau dir mein schönes Fell an! Und meine schwarzen Knopfaugen!“

„Na, wenn das so ist“, meinte die Katze, „dann schenke ich dir natürlich das Leben. Denn Mäuse mag ich nicht.“ Und sie schlich auf leisen Pfoten davon.

Einige Tage später hing die Fledermaus wieder kopfüber an einem Baum und schlief. Und wieder träumte sie. Im Traum flog sie mitten durch einen

Mückenschwarm. Mücken waren ihre Lieblingsspeise, und so begann sie wieder vor Freude zu strampeln und zu zappeln, sodass sich ihre Füße vom Ast lösten. Kopfüber fiel sie nach unten. „Aua!“

Nun flitzte eine andere wilde Katze herbei. „Hmm, was für ein wunderbares Fressen liegt mir da zu Füßen!“ Schon fuhren ihre Krallen aus den Pfoten.

„Bitte-bitte-bitte“, piepste die Fledermaus, „friss mich nicht!“

„Warum sollte ich dich nicht fressen?“, meinte die Katze. „Mäuse wie dich mag ich besonders gern. Sie sind für mich ein wahrer Leckerbissen!“

„Mäuse?“, fragte die Fledermaus. „Aber sieh mich doch an! Ich bin gar keine Maus. Haben Mäuse etwa Flügel? Können Mäuse fliegen?“

„Ja, was bist du denn dann?“, fragte die Katze.

„Ein Vogel bin ich“, rief die Fledermaus. „Mit meinen großen Schwingen flattere ich hoch durch die Lüfte!“

„Na, wenn das so ist“, meinte die Katze, „dann lasse ich dich natürlich am Leben! Denn Vögel mag ich nicht.“ Und sie verschwand.

So hatte sich die Fledermaus zwei Mal gerettet, weil sie klug geantwortet hatte.

Die Fabel zeigt uns: Man soll die Wahrheit sagen. Aber wenn man etwas verschweigt, das einem schaden könnte – ist das eine Lüge?

Die Frösche im Sahnetopf

In der Küche eines Bauernhauses stand ein großer Topf mit frischer süßer Sahne. Darin strampelten zwei Frösche. Wie sind sie da wohl reingekommen? Was war geschehen?

Hinter dem Wald gab es einen kleinen Teich, in dessen modrigem Wasser zwei Frösche lebten. Im Frühling fühlten sich wohl hier. Doch dann kam der Sommer mit seinen glühend heißen Sonnenstrahlen. Sie ließen das Wasser verdunsten. Nur trockene, rissige Erde blieb übrig.

„Hier können wir nicht bleiben“, meinte der eine Frosch. „Wir brauchen Wasser zum Leben.“

„Da hast du recht“, sagte der zweite Frosch. „Wir müssen eine andere Bleibe finden!“

„Aber wo?“

„Wir müssen suchen.“

Die beiden Frösche hüpften aus dem trockenen Erdloch heraus durchs raschelnde Gras, bis sie an die Landstraße kamen. „Oh, mir ist so heiß!“, jammerte der eine Frosch. „Ich glaube, ich verdurste gleich!“

„Du verdurstest schon nicht“, gab der andere Frosch zurück. „Sieh nur, da hinten ist ein Dorf. Dort werden wir Wasser finden!“

Tatsächlich. In der Ferne erblickten sie niedrige Häuser und Weiden, auf denen Kühe grasten. Bald waren sie an einem Bauernhaus angekommen. Die Tür stand offen, welch ein Glück! Schnell hüpften die Frösche in die kühle Diele. In einer Ecke sahen sie einen großen Topf stehen. Neugierig sprang der eine Frosch näher, spannte seine Muskeln an und landete – hops – auf dem Rand des Topfes.

„Nun sieh dir das doch bloß mal an!“, sagte er zu seinem Freund. „Der Topf ist voller Sahne!“

„Das ist noch besser als Wasser“, meinte der andere Frosch und sprang ebenfalls auf den Rand.

Und mit einem dicken „Platsch“ hüpften die beiden grünen Freunde in die kühle weiße Flüssigkeit.

Nun schwammen sie also im Sahnetopf und tranken sich satt. Dann wollten sie aus dem Topf heraus. Der erste Frosch versuchte, mit seinen Vor-

derbeinchen den Rand des Topfes zu erreichen. Aber – o je! – der Rand war viel zu hoch. Und die Wände des Topfes waren feucht und rutschig. Auch der zweite Frosch schaffte es nicht, aus dem Topf zu klettern. Die beiden waren gefangen.

„Strample mit den Beinen, so stark du kannst!“, rief der eine Frosch dem anderen zu. „Dann gehen wir nicht unter!“ So strampelten sie. Und strampelten. Und strampelten. Bis der zweite Frosch erschöpft rief: „Ich hab keine Lust mehr. Meine Beine sind ganz müde!“ Er versank in der Sahne und kehrte nicht wieder. Der erste Frosch aber strampelte weiter, viele Stunden lang. Da spürte er plötzlich et-

was Festes unter den Füßen. Durch sein unermüdliches Strampeln war die flüssige Sahne im Topf zu fester Butter geworden. Der Frosch spannte seine Hinterbeine an, sprang auf den Rand des Topfes und von dort auf den Boden. Er war gerettet. Auf dem Bauernhof fand er einen schattigen Wassertümpel, und darin lebte er glücklich und zufrieden.

Die Fabel zeigt uns: Wenn wir etwas erreichen wollen, müssen wir uns dafür anstrengen.

Die Ameise und der Mistkäfer

Ich verstehe gar nicht, warum du dich so plagst", sagte der Mistkäfer zur Ameise. „Wie du hin und her krabbelst, wie du wuselst und schleppst, das macht mich ganz schwindelig!" Kopfschüttelnd suchte er sich ein gemütliches Plätzchen auf dem Waldboden, streckte seine sechs Beine aus und ließ sich die warme Sonne auf den schwarzen glänzenden Panzer scheinen. „Das ist doch das wahre Leben!", murmelte er, bevor er einschlief.

Die Ameise aber hörte dem Mistkäfer gar nicht zu. Unermüdlich lief sie über das Feld und sam-

melte dort Getreidekörner. Körnchen für Körnchen schleppte sie mühsam nach Hause.

Nach einer Weile wachte der Mistkäfer auf. Er sah, dass die Ameise noch immer beschäftigt war. „Ruh dich doch endlich einmal aus!", rief er ihr zu. „Das Wetter ist doch viel zu schön, um sich so abzuplagen!"

Der warme Sommer verging, der Herbst kam und brachte Regen und kühle Stürme mit. Und schließlich war es Winter geworden. Eine glitzernde weiße Decke lag über dem Waldboden. Da wühlte sich ein schwarzes Beinchen durch den Schnee. Dann noch eins und noch eins. Der Mistkäfer kroch aus seinem Bau. Er schüttelte den Schnee von seinen Fühlern und sah sich um. Der Wald schien in tiefem Schlaf zu liegen. Wo waren die bunten Blumen geblieben? Wo hatten sich die Tiere des Waldes versteckt? Alles war still und wie erstarrt. Ich hätte so gern etwas zu fressen, dachte der Käfer. Denn er fühlte entsetzlichen Hunger. Aber da Mistkäfer nun mal vom Mist der anderen Tiere leben, gab es nichts, womit er seinen Bauch hätte füllen können. Alles lag unter der Schneedecke versteckt. Zitternd

und frierend schlich der Käfer über den eisigen Waldboden.

Schließlich kam er zum Haus der Ameise. Er klopfte. Die Ameise kam heraus. „Ach, mein lieber Mistkäfer“, sagte sie, „was machst du denn

hier in der bitteren Kälte?“ Kaum konnte der Mistkäfer antworten, so kalt war ihm. „Ich habe Hunger!“, brachte er schließlich heraus. „Ich hätte gern ein paar Körnchen von dir, damit ich satt werde.“ Die Ameise sah ihn erstaunt an. „Es ist schlimm“, sagte sie, „wenn man im Sommer faul ist und darum im Winter nichts zu essen hat!“ Sie selbst musste nicht hungern, denn sie war fleißig gewesen und hatte genug Vorräte in ihre Kammer getragen. Aber wie sie den armen Käfer so zitternd und bittend vor ihrer Tür stehen sah, bekam sie Mitleid und schenkte ihm einige Körner, damit

er nicht verhungern musste. Glücklich trug der Mistkäfer seine Nahrung nach Hause. Und er nahm sich vor, dass er sich im nächsten Sommer rechtzeitig um Vorräte kümmern wollte. Das hatte er von der Ameise gelernt.

Die Fabel zeigt uns: Wir sollen die guten Zeiten genießen. Aber wir müssen auch dafür sorgen, dass wir in schlechteren Zeiten noch etwas haben.

Das Rebhuhn im Hühnerhof

In einem Dorf, nicht weit von der großen Stadt, gab es einen Bauernhof. Dort lebten Kühe und Schweine, kuschelige Schafe und ein paar kräftige Pferde. Der Bauer liebte seine Tiere. Besonders aber mochte er seine Hühner. Jeden Morgen, wenn er sie mit Körnern fütterte, gab es ein großes Gegacker und Geschrei.

„Gackert nur schön laut“, sagte der Bauer dann. „Ihr, mein liebes Federvieh, seid mir doch die Liebsten auf dem ganzen Hof!“

In den Nestern seiner Hühner fand der Bauer täglich viele Eier, von denen er einige selbst aß. Die

anderen verkaufte er auf dem Markt. Auch die Hähne machten ihm Freude. Jeden Morgen reckten sie ihre Köpfe in die kühle Luft, sperrten die Schnäbel auf und schrien ihr „Kikeriki". Hörte der Bauer ihr Krähen bei Anbruch des neuen Tages, sprang er gleich aus dem Bett und war frisch und munter.

Eines Tages klopfte es an der Tür des Bauernhauses. Ein Mann stand davor. In seinen Händen hielt er einen Vogel.

„Wollt ihr den kaufen?", fragte er den Bauern. Der Bauer besah sich das Tier. Einen kurzen Schnabel hatte es, wie die Hühner. Aber sein Gefieder war grau und über die Flügel zogen sich dunkle Streifen.

„Ein Huhn ist das nicht!", sagte der Bauer.

„Doch!", lachte der Fremde. „Sein Name ist Rebhuhn. Aber dieses Tierchen ist etwas viel Besseres als ein einfaches Haushuhn! Es schreitet wie eine Königin. Es kann rennen wie ein Hase und fliegen wie ein Adler. Und es ist klug wie ein gelehrter Mensch!"

„Soso", meinte der Bauer. „Aber wenn es so gut rennen und fliegen kann, wird es mir dann nicht entwischen?"

„Auf keinen Fall!“, entgegnete der Besucher. „Es ist den Menschen treu und bleibt dort, wo es wohnt.“

„Also gut“, sagte der Bauer. Ihm gefiel der Vogel, der ihn mit seinen Knopfaugen anzwinkerte. „Was willst du für ihn haben?“

Der Mann nannte ihm den Preis, der Bauer zahlte ihm die Münzen in die Hand und nahm dafür das Rebhuhn in Empfang.

„Du wirst es gut bei mir haben“, sagte er und trug es zu dem Gehege hinter dem Haus, in dem seine Hühner lebten. Dort setzte er es auf die Erde und ging fort, denn er musste noch die Schweine füttern.

Das Rebhuhn sah sich um. Hier kann ich mich wohlfühlen, dachte es. Ein bisschen Gras, ein wenig Erde, und am Zaun ein Häuschen für die Nacht.

Wie es so dastand und sich sein neues Heim ansah, bemerkte es nicht, dass die Hähne es böse anblickten. Drohend gingen sie auf das Rebhuhn zu.

„Glaub ja nicht, dass du etwas Besonderes bist!“, krähte der eine.

„Wir mögen keine Fremden hier auf unserem Hof!“, rief ein anderer.

Und der Dritte meinte: „Wer sich bei uns breit macht, wird bestraft!“ Mit diesen Worten trippelte der Hahn auf das Rebhuhn zu und kniff ihm mit dem Schnabel ins Bein.

„Hört auf damit!“, rief ein Huhn. „Es hat euch doch nichts getan!“ Aber es half nichts. Auch die anderen Hähne rückten dem armen Rebhuhn nun zu Leibe.

Der eine pickte ihm ins Gesicht, der andere rupfte ihm einige Federn aus. Immer gemeiner wurden die Angriffe, immer böser wurden die Worte, die die Hähne dem armen Rebhuhn entgegenkrähten. Erst als das Rebhuhn verletzt und schwach am Boden lag, ließen die Angreifer von ihm ab.

„Lass dir das eine Lehre sein!“, rief ihm der eine von ihnen noch zu, bevor er sich wieder an seine Arbeit machte und im Gras nach Würmchen pickte.

Traurig hockte das Rebhuhn auf dem Boden. Was haben die bloß gegen mich?, dachte es. Ich bin doch eigentlich auch ein Huhn, so wie sie. Nun, ich sehe ein wenig anders aus, aber ist das so schlimm?

Da hörte es, wie einer der Hähne dem anderen zurief: „Wieso schnappst du mir immer die dicksten Würmchen weg?“ Und schon stürzte er sich auf den anderen Hahn und hackte ihm in die Brust. Das hatten die anderen Hähne gesehen, und weil sie nichts lieber hatten als eine zünftige Rauferei, mischten sie sich in den Streit ein. Und bald pickten und kniffen und hackten alle aufeinander ein. Nach einer Weile hatten sie sich wieder beruhigt und stolzierten gemächlich herum, als sei nichts gewesen.

Aha, dachte das Rebhuhn. So ist das also. Die Hähne haben wohl gar nichts gegen mich. Die streiten einfach nur gern!

Von nun an ging es den Hähnen aus dem Weg, wenn es merkte, dass sie wieder einmal in Streitlaune waren. So konnte es glücklich und friedlich mit den Hühnern und Hähnen zusammenleben.

Die Fabel zeigt uns: Wenn wir angegriffen oder gemein behandelt werden, muss das nicht heißen, dass man uns nicht mag. Es gibt einfach Leute, die gern streiten.

Der Hirsch am Wasser

Wie durstig er war! Die Sonne brannte auf sein Fell, unter seinen Hufen spürte er die trockene, rissige Erde. Mit gesenktem Kopf lief der Hirsch über das Feld auf der Suche nach Wasser. Endlich entdeckte er einen Tümpel. Tief tauchte er sein Maul in das kühle Nass und trank. Er trank und trank, bis kein einziges Tröpfchen mehr Platz in seinem Bauch fand. Dann hob er den Kopf und wartete, bis die Kringel an der Oberfläche des Tümpels verschwanden. Glatt wie ein Spiegel war nun

das Wasser. Und in diesem Spiegel erblickte der Hirsch zum ersten Mal in seinem Leben sich selbst. Er sah seinen Kopf mit dem prächtigen Geweih. Er sah seine dunklen glänzenden Augen und seinen starken Körper mit dem braunen glatten Fell. Oh, er gefiel sich sehr gut. Aber dann fiel sein Blick auf seine Beine. Dünn sahen sie aus und schwach. Solche dürren Schenkelchen passen doch überhaupt nicht zu einem so prächtigen Burschen wie mir, dachte der Hirsch. Sie sehen ja aus, als gehörten sie einem schwachen Kaninchen! Lange stand er da und dachte nach. Plötzlich hörte er hinter sich im Gebüsch die Stimme eines Menschen.

„Da ist er!", rief jemand.

„Das gibt einen schönen Braten!", schrie ein Zweiter.

Wie der Blitz sprang der Hirsch zur Seite und begann zu rennen. Immer lauter hörte er die Stim-

men der Jäger und das Bellen der Jagdhunde. Seine Hufe schlugen schneller und schneller auf den harten Boden, er rannte um sein Leben. Vor sich sah er einen Wald. Mit letzter Kraft sprang er zwischen die Büsche und Bäume, um sich zu verstecken.

Hatte er seine Verfolger hinter sich gelassen? Er blickte sich um. Dabei verfing sich sein großes Geweih in einem Baum. Die Äste hielten ihn gefangen. Schon hörte er, wie die Männer mit ihren Hunden näher kamen. Bald würden sie ihn erreichen und fangen. Er zog und riss an den Zweigen, bis er endlich sein Geweih befreit hatte. Mit großen Sprüngen rannte er davon.

Wie dumm war ich doch, dachte der Hirsch. So stolz war ich auf mein schönes Geweih mit den vielen Zacken. Aber gerade dieses Geweih hat mich in große Gefahr gebracht. Doch meine Beine, die mir so dünn und schwach erschienen, haben mir das Leben gerettet.

Die Fabel zeigt uns: Wir sollten etwas nicht nur danach beurteilen, ob es schön aussieht. Manches, was uns nützt, ist ganz unscheinbar.

Der Kampf der Schlangen

Mitten in der heißen, staubigen Wüste gab es eine Quelle, in der eine Wasserschlange lebte. Gern erlaubte sie den Zebras und Gnus und sogar dem wilden Löwen, aus ihrer Quelle zu trinken. Gar nicht aber gefiel ihr, dass auch eine fremde Schlange kam, um ihren Durst zu löschen. Immer wieder schlängelte diese sich zur Quelle, um zu trinken. Eines Tages sprach die Wasserschlange sie an.

„Hör mal, wir sind zwar verwandt, aber deshalb musst du nicht Tag für Tag an meiner Quelle trinken. Du lebst im Sand der Wüste, ich lebe im

Wasser. Geh, wohin du gehörst, und stör mich hier nicht!“

„Die Quelle ist für alle da“, entgegnete die Wüstenschlange. „Hier kann jedes Tier seinen Durst stillen. Auch ich!“ So stritten die beiden. Dann aber beschlossen sie, ihren Streit durch einen Kampf zu entscheiden. Gleich am nächsten Tag sollte das Ereignis stattfinden. Wer siegte, würde Besitzer der Quelle sein.

Drei dicke grüne Frösche hatten den Streit der beiden gehört. Und als sich die Wüstenschlange auf den Heimweg machte, hüpften sie ihr nach. „He, warte mal!“, riefen sie ihr zu. „Wir müssen etwas mit dir besprechen!“

Die Schlange sah sich verwundert um. „Was gibt es denn so Wichtiges?“

„Wir wollen dir unsere Hilfe anbieten“, sagte der erste Frosch.

„Denn wir sind auf deiner Seite“, sagte der zweite.

„Weil wir nämlich die Wasserschlange nicht leiden können!“, sagte der dritte Frosch. „Darum wollen wir mit dir und für dich kämpfen!“

Die Wüstenschlange bedankte sich bei den netten Fröschen und freute sich, dass sie gleich dreifache Unterstützung bekommen würde.

Am nächsten Tag trafen sich die beiden Schlangen an der Quelle. Sofort begannen sie miteinander

zu ringen. Fest umschloss der Leib der Wasserschlange den Körper der Wüstenschlange, um sie zu erwürgen. Weit sperrte die Landschlange ihr Maul mit den giftigen Zähnen auf, um die andere zu beißen.

Immer schneller und wütender wurden die Angriffe. Mal kämpften sie im staubigen Sand, mal glitten sie ins Wasser. Und die Frösche? Sie saßen am Rand der Quelle und quakten.

„Gib ihr Saures!“, riefen sie. „Mach sie fertig, die feige Wasserschlange!“

Schließlich holte die Wüstenschlange zu einem gewaltigen Biss aus. Tief bohrten sich ihre Zähne in die geschuppte Haut der Gegnerin. Da hatte die Wasserschlange genug.

„Du hast gewonnen“, zischte sie und verschwand.

Die Wüstenschlange war nun Besitzerin der Quelle. Stolz hob sie ihren Kopf. Da fiel ihr Blick auf die drei Frösche, die immer noch am Rand des Wasserlochs saßen.

„Sagt mal“, sprach sie zu ihnen, „wolltet ihr mir nicht helfen? Habt ihr nicht gesagt, ihr würdet mit mir und für mich kämpfen? Ihr wart mir aber gar keine Hilfe!“

„Doch, das waren wir“, quakte der erste Frosch.

„Wir haben doch tüchtig gequakt!“, meinte der zweite.

„Denn mehr als quaken können wir nicht!“, fügte der dritte Frosch hinzu.

Da wusste die Schlange, dass sie den falschen Tieren vertraut hatte.

Die Fabel zeigt uns: Auch reden –
oder quaken – kann eine Hilfe sein.
Doch manchmal reicht es nicht aus.
Dann brauchen wir jemanden, der uns
wirklich beistehen kann.

Der schlaue Fuchs und der Rabe

Auf einem Teller, direkt hinter dem geöffneten Fenster, lag ein Stückchen Käse. Von dem herrlichen Duft angelockt, flog der Rabe auf die Fensterbank, hüpfte auf den Tisch, pickte ein paar Bröckchen heraus und schnappte sich schließlich das ganze Stück mit seinem Schnabel. Damit flog er – husch – aus dem Zimmer und auf einen Baum. Hier konnte er es sich schmecken lassen, ohne dass ihn jemand störte.

Auch der Fuchs hatte den leckeren Käsegeruch erschnuppert. Wie zufällig schlenderte er zu dem Baum, auf dem der Rabe saß. „Guten Tag, Herr Rabe!“, rief er nach oben. „Schönes Wetter haben wir

heute. Aber noch viel schöner als der sonnigste Tag ist doch dein Anblick!“

Der Rabe fühlte sich geschmeichelt. Nicht oft sprach man so freundlich mit ihm.

Der Fuchs fuhr fort: „Wie herrlich sich die Sonne in deinem glänzenden Gefieder spiegelt, lieber Freund! Rabenschwarz sind deine Federn, wie es einem Raben gebührt. Oder gehen sie nicht sogar ein wenig ins Bläuliche?“ Der Rabe legte den Kopf schief und blinzelte nach unten.

Der Fuchs blickte ihn freundlich an und sprach weiter: „Auch auf deinen Schnabel bist du sicher stolz! Wie elegant er sich biegt!“

„Hmp!“, sagte der Rabe, denn in seinem Schnabel steckte ja der Käse.

„Und wie schön ist doch dein Gesang!“, fuhr der Fuchs fort. „Lieblich klingt deine Stimme über Wälder und Felder! Keine Nachtigall kann schöner singen als du!“

Der Rabe breitete voller Freude über die liebreizenden Worte seine Flügel aus. Von solchen Schmeicheleien hätte er gern noch mehr gehört, sie wärmten seine Seele.

„Möchtest du nicht“, fuhr der Fuchs fort, „vielleicht eine Kostprobe von deinen herrlichen Liedern zum Besten geben?“

Stolz reckte sich der Rabe auf seinem Ast. So viel Schmeichelei war er nicht gewohnt. Dass jemand

seinen Gesang lobte, hatte er noch nie erlebt. Der Fuchs hat recht, dachte er. Er ist ein kluges Tier. Er hat es verdient, meine wunderschöne Stimme zu genießen.

„Krächz-krächz“, kam es aus seiner Kehle. „Krahkrah-Krääääächz!“ Natürlich musste er den Schnabel öffnen, um dem Fuchs zu beweisen, wie schön er singen konnte. Dabei fiel das Stückchen Käse – plumps – nach unten.

Das hatte der Fuchs geplant. Er schnappte sich den Käse und fraß ihn blitzschnell auf. Dann lachte er schallend und rief nach oben: „Hast du wirklich gedacht, irgendjemand hätte Freude an deinem Gekrächze, Meister Rabe? Schön dumm bist du! Aber der Käse war vorzüglich!“

Die Fabel zeigt uns: Nicht jeder Schmeichelei können wir vertrauen. So mancher ist nur freundlich, weil er sich einen Vorteil erhofft.

Der hungrige Hahn

Oben auf einem dampfenden Misthaufen stand ein prächtiger Hahn. Er hatte großen Hunger und hoffte, hier etwas zu finden, das seinen Bauch füllen könnte. Aber so sehr er auch scharrte und pickte, er fand kein Körnchen und kein Würmchen. Doch plötzlich stieß sein Schnabel auf etwas Hartes.

Oh, dachte er, da scheint etwas zu sein, mit dem sich mein Hunger stillen lässt!

Mit seinen Krallen kratzte er den Mist auseinander, bis er fand, was seine Aufmerksamkeit erregt

hatte. Ein großer glitzernder Diamant lag vor ihm. Der Hahn pickte auf dem funkelnden Stein herum. Aber schnell merkte er, dass das kein Futter für ihn war.

Ärgerlich stieß er den Diamanten beiseite und dachte: So ein Ding mag sehr kostbar sein. Aber viel lieber als diesen Edelstein hätte ich ein paar Körner gefunden. Denn wer Hunger hat, wird davon nicht satt.

Die Fabel zeigt uns: Wertvoll ist nicht das,
was andere dafür halten, sondern das,
was wir wirklich brauchen.

Wie der Esel den Wolf überlistete

Der Wolf war alt geworden. Längst konnte er nicht mehr so schnell laufen wie früher. Die flinken Hasen, die hurtigen Rehe, sie waren für ihn keine Beute mehr. Mit seinen müden Beinen konnte er sie nicht verfolgen.

Auch an diesem Tag knurrte ihm wieder der Magen, denn er hatte noch nichts zwischen die Zähne bekommen. Hungrig schlich er durch den Wald.

Vor sich sah der Wolf eine Waldwiese, wo Gras und wilde Kräuter wuchsen. Hier würde er sich

ausruhen. Da bemerkte er, wie sich am Rande der Lichtung etwas bewegte. Es war ein Esel, der mit seinem Maul die mageren Grashalme abzupfte. Der Wolf blieb stehen. Dieses Tier wäre ein gutes Abendessen. Aber wie sollte er sich ihm nähern, um es zu erlegen? Der Esel konnte rennen wie der Blitz, wenn er wollte. Würde er merken, was der Wolf im Sinn hatte, wäre er im Nu auf und davon. Da half nur eine List.

„Guten Tag, werter Esel!“, sprach der Wolf. „Gestatte, dass ich mich vorstelle. Ich bin ein berühmter Arzt. So manches Kaninchen habe ich vom Fieber geheilt, so manchem Hirsch das Geweih geschient. Kann ich auch für dich etwas tun?“

Der Esel sah ihn misstrauisch an. Er wusste, dass er vor dem Wolf auf der Hut sein musste. Und er ahnte, dass das wilde Tier etwas im Schilde führte. Aber er war auch neugierig, was der alte Wolf vorhatte.

So sprach er: „Gut, dass ich dich treffe! Denn ich kann einen Arzt gerade sehr gut gebrauchen!“

Der Wolf lächelte. Das klang, als würde sein Plan glücken. „Dann erzähl mir, was dich plagt!“

„Schmerzen habe ich“, erwiderte der Esel. „Unter meinem rechten hinteren Huf, da zwickt und zwackt es ganz gemein. Ich glaube, ich bin auf einen Stachel getreten, und der steckt jetzt in meinem Fuß.“

Der Wolf nickte mit sorgenvollem Gesicht. „Ein Stachel im Fuß. Soso. Das werde ich mir ansehen müssen. Du musst ganz stillstehen und darfst dich nicht bewegen!“

„Ja-i-aa-i-aa!“, rief der Esel. „Aber mach schnell, es tut wirklich sehr weh!“

Da schlich der Wolf sich an, Schritt für Schritt, und schon öffnete er sein Maul mit den spitzen Zähnen.

„Komm noch näher“, sagte der Esel, „bis du den bösen Stachel gut sehen kannst!“ Er hob den rechten Fuß. Und als der Wolf nah bei ihm war und sich gerade über den Fuß beugte, trat der Esel mit aller Kraft aus. Der Huf traf den Wolf mitten auf die Stirn. Dann schrie der Esel fröhlich „I-aaaa!“ und galoppierte davon.

Benommen blieb der Wolf eine Weile liegen. Dann rappelte er sich auf und schlich mürrisch nach Hause. Und wieder musste er hungrig schlafen gehen.

Die Fabel zeigt uns: Wer andere betrügen will, muss damit rechnen, dass er selbst betrogen wird.

Der neidische Frosch

Es war ein sonniger Tag im Spätsommer. Aus einem flachen Teich kletterten vier Frösche, einer nach dem anderen, und hüpften ins Gras.

„Wie gut die Luft duftet“, meinte einer von ihnen.

„Ja“, quakte ein anderer, „und das Gras ist so schön nass vom Morgennebel!“

„Heute schmeckt das Essen ganz vorzüglich“, sagte der dritte. Er rollte seine lange klebrige Zunge aus und – schnapp – hatte er eine Mücke erwischt. Der vierte sagte gar nichts und setzte sich gemütlich auf einen Stein, um sich zu sonnen.

In diesem Moment kroch ein fünfter Frosch aus dem Teichwasser. „Unsinn!“, quakte er. „Gar

nichts ist schön an diesem Tag. Gestern war es zu kalt, und heute ist es zu warm.“ Missmutig verzog er sein breites Froschmaul: „Aber auf mich hört ja keiner. Bah!“ Jeder konnte sehen, dass er wenig Freude hatte und den Tag ganz und gar nicht genießen mochte. „Und ihr geht mir wieder mal fürchterlich auf die Nerven“, murrte er. Dann drehte er seinen Brüdern den Rücken zu und hüpfte fort.

Wo will er denn hin?, fragten sich die anderen Frösche und hüpften hinter ihm her. Denn sie waren doch neugierig, was ihr Bruder vorhatte.

Durchs Gras und durch Pfützen hopsten sie, über morsches Holz und durch ein paar gelbe Löwenzahn-Büschel, die jetzt noch blühen wollten.

„Komm doch zurück, quaaaak!“, riefen die vier Frösche.

Aber der fünfte Frosch tat so, als hörte er sie nicht. Unbeirrt sprang er voran, immer weiter entfernte er sich von dem Teich, in dem er lebte. Denn er hatte genug vom Leben im Froschteich. Er sei doch, so meinte er, wirklich zu etwas Besserem geboren, als Mücken zu fangen.

Ein Spatz sah von einem Baum auf den Frosch und seine vier grünen Brüder hinab und wippte auf dem Zweig. „Wohin wollt ihr denn?“, zwitscherte er. „Euer Teich ist doch dahinten!“

„Das geht dich gar nichts an!“, murrte der Frosch. „Mit einem so kleinen Flügelmatz gebe ich mich gar nicht ab!“

Nach einer Weile tauchte rechts neben ihm ein Bauernhof auf und hinter dem Zaun lief ein Hund hin und her. Neugierig sah er sich den Aufmarsch der Frösche an. „Wuff!“, bellte er. „Wuffwuff!“

„Gib nicht so an“, quakte ihm der Frosch frech ins Gesicht. „Wer bist du schon? Mehr als bellen kannst du nicht. Ich dagegen kann herrlich quaken. Quaaak!“

„Lass das!“, riefen die anderen Frösche. „Der ist größer und stärker als du!“ Und sie machten, dass sie an dem Zaun vorbeikamen.

Der Frosch hüpfte weiter und weiter, und hinter ihm sprangen seine Brüder durchs Gras. Irgendwann lag vor ihnen eine Weide, auf der einige Kühe das frische Gras zupften und langsam im Maul zermalmten. Auch ein Ochse war unter ihnen. Trä-

ge stand er da und sah sich die Froschbrüder an, die nun die Weide erreicht hatten.

„Das ist wirklich ein Tier, das mich beeindrucken kann“, sagte der missmutige Frosch. „Wie groß er ist und wie stark!“

Seine Brüder hockten hinter ihm im Gras. „Jaja“, sagte der eine, „der ist wirklich sehr groß!“

„Größer als ein Spatz und größer als ein Hund“, sagte der zweite.

„Und auch größer als ein Huhn!“, quakte der dritte.

Und der vierte Frosch nahm allen Mut zusammen und rief: „Und natürlich viel, viel größer als du!“

Der missmutige Frosch hatte das genau gehört. Drohend sprang er auf seinen Bruder zu: „Sag das nicht noch einmal! Wenn ich wollte, könnte ich genau so groß und stark sein wie der Ochse da auf der Weide!“

„Das kannst du nicht, quak, quak“, riefen die anderen. „Du bist doch nur ein kleiner Frosch, genau wie wir!“

„He du!“, schrie der Frosch dem Ochsen zu. „Glaubst du, du bist größer und besser als ich? Da hast du dich aber geirrt! Wenn ich wollte, könnte ich genauso groß sein wie du!“

Der Ochse sah ihn gelassen an. „Na, dann versuch’s doch mal“, sagte er langsam und kaute weiter an seinem Gras.

Da blies der Frosch seine Backen auf. Das tat er oft, wenn er sich wichtigmachen wollte. „Na?“, rief er, „bin ich nun nicht schon viel größer geworden?“

„Nein“, riefen seine Brüder. „Du bist noch so klein wie zuvor!“

Da holte der Frosch tief, tief Luft und blähte seine Backen noch mehr auf. „Und jetzt?“

„Nur ein bisschen“, riefen die anderen Frösche. „Aber du bist noch längst nicht so groß wie der Ochse!“

Da blies der Frosch seine Backenblasen noch weiter auf. Und noch weiter. Und noch weiter. Und als er gerade noch einmal Luft holen wollte, zerplatzte er mit einem lauten Knall. Erschrocken sahen sich seine Brüder an. Und hüpften zurück zu ihrem Teich.

Die Fabel zeigt uns: Es kann schiefgehen,
wenn man sich zu wichtig nimmt.
Wir können doch zugeben, dass es andere
gibt, die besser sind als wir. Auch wenn man
noch so toll ist, es gibt immer jemanden,
der noch toller ist.

Der Löwe, der Bär und der Fuchs

Ob ich vielleicht einen Hasen finde? Oder wenigstens eine Maus? Hungrig strich der Fuchs durch den Wald auf der Suche nach einer Mahlzeit. Plötzlich hörte er laute Stimmen.

„Das ist meine Beute! Verschwinde!“, hörte er jemanden rufen.

„Wieso sollte das deine Beute sein? Ich war zuerst hier!“, brüllte eine zweite Stimme.

Versteckt im Gebüsch schlich der Fuchs näher. Da sah er, wie ein Löwe und ein Bär um ein riesiges Stück Fleisch stritten.

„Mach, dass du fortkommst!“, brummte der Bär und schlug mit seiner Tatze nach dem Löwen.

„Ich denke gar nicht daran!“, erwiderte der Löwe und schnappte nach dem Bären. „Mir gehört das Fleisch und niemandem sonst!“

Und schon begannen die beiden miteinander zu kämpfen. Mit ihren spitzen Raubtierzähnen und den großen kräftigen Pranken gingen sie aufeinander los. Beide fühlten sich im Recht, der Kampf wurde von Sekunde zu Sekunde wilder. Sie brüllten und fauchten. Sie bissen und schlugen sich bis aufs Blut.

Der Fuchs sah hinter Büschen verborgen dem Kampf zu und lächelte. Denn er wusste, wie der Streit ausgehen würde.

Und tatsächlich: Nach einer Weile sank der Bär erschöpft zu Boden, und im gleichen Moment fiel auch der Löwe zur Erde. Beide Tiere hatten so heftig gekämpft, dass keine Kraft mehr übrig war. Müde und matt lagen sie neben der Beute.

Der Fuchs merkte, dass von den beiden großen Raubtieren keine Gefahr mehr ausging. Da wagte er sich aus seinem Versteck, ging auf den Kampfplatz zu und schnappte sich das Stück Fleisch. Während er fortging, drehte er sich noch einmal um und rief den beiden zu: „Vielen Dank, verehrte Herren! Ihr seid zwar die größten und stärksten Tiere hier im Wald. Aber ihr seid auch tausendmal dümmer als ich!“ Und schon war er verschwunden.

Die Fabel zeigt uns: Wenn zwei sich streiten, freut sich der Dritte. Manchmal muss man nur abwarten können, um etwas zu erreichen.

Von der Schildkröte, die fliegen lernen wollte

Voller Sehnsucht blickte die kleine Schildkröte zum Himmel hinauf. Dort zog ein stolzer Adler seine Kreise. Mühelos hielten ihn seine starken Schwingen in der Luft. Wie schön muss es sein, dachte die Schildkröte, so hoch über der Welt zu schweben. Ganz frei und unbeschwert mit den Wolken zu segeln. Wie mühsam ist dagegen mein Dasein hier auf der Erde. Ich kann nur über den harten Erdboden und durch den heißen Sand krie-

chen, der Himmel ist mir so fern! Noch nicht einmal einen kleinen Hüpfer kann ich machen, um dem Himmel näher zu kommen!

Der Adler, der nicht nur gut fliegen konnte, sondern auch sehr scharfe Augen hatte, sah die kleine Schildkröte dort unten sitzen. Warum blickt sie nur so sehnsuchtsvoll zu mir nach oben?, dachte er. Ich werde sie fragen.

Er segelte zur Erde herab und landete direkt neben der Schildkröte. „Du siehst traurig aus", sprach er sie an. „Du hast zu mir hinaufgesehen, als würde dich eine große Sehnsucht plagen. Kann ich etwas für dich tun?"

Die Schildkröte schwieg. Endlich sagte sie: „Ach, lieber Adler! Ich beneide dich. Wie stolz und frei du am weiten Himmel schwebst! So leicht und so erhaben! Ich dagegen, ich arme Kröte! Ich krieche mit meinem schweren Haus auf dem Rücken hier auf der Erde herum, und niemals werde ich den Wolken nahe sein, so wie du!" Sie zog ihren Kopf in den Panzer, so traurig war sie. Nach einer Weile streckte sie ihr Köpfchen wieder hervor und ihre Augen funkelten vor

Aufregung. „Was man nicht kann, das muss man eben lernen!“, rief sie. „Wäre es nicht möglich, dass du mich das Fliegen lehrst?“

Der Adler lachte. „Wie soll das gelingen?“, rief er. „Du hast keine Flügel!“

„Nimm mich in deine Fänge“, meinte die Schildkröte, „und flieg mit mir hoch in die Luft, der Sonne weit entgegen, bis ich den Duft der Wolken riechen kann. Wenn ich erst einmal dort oben bin, werde ich auch fliegen können!“

Der Adler wollte etwas erwidern, aber die Schildkröte sah ihn so bittend an, dass er ihr den Wunsch nicht versagen konnte. Er packte sie mit seinen Krallen und flog mit ihr empor in den weiten Himmel, immer höher und höher hinauf. „Wie herrlich ist es hier oben!“, jubelte die Schildkröte. „Und jetzt will ich selbst fliegen. Lass mich los!“

Der Adler wusste, dass es ihr nicht gut bekommen würde, wenn er sie aus zu größer Höhe fallen ließe. So schwebte er ein Stück nach unten und öffnete dann seine Fänge. Wie ein schwerer

Stein plumpste die Schildkröte in die Tiefe. Es half ihr nichts, dass sie mit ihren vier Beinchen wild strampelte. Abwärts ging die Fahrt, bis das arme Tier mit einem harten Schlag auf dem Erdboden landete. Gut, dass ihr festes Haus sie vor Schaden bewahrte! Nun sah sie ein, dass sie einfach nicht zum Fliegen bestimmt war.

Die Fabel zeigt uns: Es gibt Wünsche,
die nicht in Erfüllung gehen können,
selbst wenn man sich noch so sehr bemüht.

Der Ziegenbock im Brunnen

Ein Fuchs und ein Ziegenbock gingen miteinander spazieren. Es war Sommer, und über dem Feldweg flimmerte die heiße Luft. „Oh, ich habe so großen Durst!“, meckerte der Ziegenbock. „Wenn ich nicht bald etwas zu trinken bekomme, falle ich auf der Stelle um, mä-ä-ä!“

„Ja“, sprach der Fuchs, „mir würde ein Schlückchen Wasser auch gut gefallen.“

In der Ferne entdeckten die beiden einen Brunnen. Mit letzter Kraft kamen sie dort an und sahen hinein. Es war genug Wasser darin, um ihren Durst zu stillen. „Los, hinein!“, rief der Bock. Schon war

er in den Brunnen gesprungen und begann zu trinken. Der Fuchs blieb erst eine Weile am Brunnenrand sitzen und dachte nach, dann rutschte er an den glatten, moosbewachsenen Wänden ebenfalls nach unten.

Als sie genug getrunken hatten, sah sich der Ziegenbock in dem kühlen dämmrigen Brunnen um. Er wäre gern wieder ins helle Tageslicht gesprungen, aber der Brunnen war zu hoch, als dass er den Rand mit einem Sprung hätte erreichen können. „Wie kommen wir hier bloß wieder raus?“, fragte er ängstlich.

„Keine Sorge“, entgegnete der Fuchs. „Du stellst dich auf die Hinterbeine, ich klettere auf deinen Rücken und springe hinaus. Und dann bist du an der Reihe.“

So machten sie es. Der Bock fand mit seinen Vorderhufen Halt an der Brunnenwand, zog seinen Rücken ganz gerade, und im Nu war der Fuchs hinausgeklettert. Aber er dachte nicht daran, dem armen Ziegenbock ans Tageslicht zu helfen.

„Bleib du mal schön da unten“, rief er seinem Gefährten zu. „Du bist selbst schuld, dass du nun

im dunklen modrigen Brunnen sitzt! Du hättest vorher überlegen sollen, wie du wieder herauskommst!“ Und er verschwand.

Lange musste der Bock warten, bis ihm jemand aus dem Brunnen half.

Die Fabel zeigt uns: Wir dürfen uns nicht immer auf andere verlassen. Und wir sollten uns nicht in Gefahr begeben, ohne zu wissen, wie wir uns selbst daraus retten könnten.

Der eitle Pfau und der Kranich

Auf langen, staksigen Beinen kam ein Kranich daherspaziert. Grau war sein Federkleid und auf dem gebogenen Hals saß ein kleiner Kopf mit spitzem Schnabel. Von Zeit zu Zeit pickte er ein Würmchen oder ein Körnchen aus der feuchten Erde, sah sich um und schritt weiter. Das beobachtete ein Pfau.

„He, du hässlicher Vogel!“, schrie er dem Kranich zu. „Was machst du hier?“

Der Kranich reckte den Kopf und schluckte gemächlich einen Käfer herunter, den er gerade im

Schnabel hatte. „Ich fresse“, sagte er und kümmerte sich nicht weiter um die gemeinen Worte.

Der Pfau aber war ein eitles Tier und hatte Lust, den anderen zu ärgern. „Wie du aussiehst! Diese stakeligen Stangenbeine! Und der schrecklich lange Hals! Und erst dein Gefieder. Grau wie ein Mausefell!“ Der Pfau spreizte seine prächtig bunten Schwanzfedern und sie sahen aus wie ein in schönsten Farben funkelndes Rad. „Sieh mich an! Ich kleide mich in Gold und strahlendes Blau. Hast du schon einmal so etwas Schönes gesehen? Dagegen bist du ein lächerliches Nichts!“

„Du hast recht“, erwiderte der Kranich. „Ich bin längst nicht so schön wie du. Aber was ist dein schrilles Geschrei gegen meine Stimme, mit der

ich den Frühling herbeirufe? Und kannst du etwa fliegen, so wie ich, über Länder und Meere? Du hopst ein Stückchen in die Luft und schon sitzt du wieder auf der Erde. Ich aber spanne meine weiten Schwingen aus und schwebe der Sonne entgegen. Du bist schön, o ja, aber doch nichts anderes als ein hübsches Huhn, das nichts kann und nichts weiß."

Da merkte der Pfau, dass er dem Kranich Unrecht getan hatte. Und beschämt trippelte er in den Wald zurück.

Die Fabel zeigt uns: Hübsch auszusehen ist nicht das Wichtigste auf der Welt.

Der Fuchs und die süßen Trauben

An einem alten Bauernhaus wuchs ein Weinstock empor. Dick und saftig hingen die blauen Trauben am Spalier. Einige kleine Mäuse kletterten immer wieder an den Zweigen empor und naschten von den süßen Früchten. Auch kamen oft Vögel und pickten sich daran satt.

Ein Fuchs sah, wie gut die Trauben den anderen Tieren schmeckten. Ihm lief das Wasser im Mund zusammen. „Hm“, sagte er zu sich selbst. „So ein paar süße Träubchen, die wären genau das Richtige für meinen leeren Magen.“ So schlich er zum Haus, setzte sich unter die Reben und sah nach oben.

Hoch über ihm hingen die prachtvollen Trauben. Die schnappe ich mir, dachte der Fuchs. Aber wie sollte er sie erreichen?

Er konnte nicht so geschickt klettern wie die kleinen Mäuse. Und das Fliegen hatte er auch nicht gelernt. Ich muss springen, dachte er bei sich.

So nahm er einen Anlauf, stieß sich mit den Hinterbeinen vom Boden ab und schnellte in die Höhe. Im Flug schnappte er nach den Früchten. Aber er war nicht hoch genug gesprungen. Keine einzige Traube hatte er erwischt. Er hörte, wie die kleinen Mäuse kicherten. Sie saßen in den Reben versteckt und beobachteten mit ihren schwarzen Knopfaugen genau, was sich da unten abspielte.

In seinem prächtigen roten Pelz schlich der Fuchs um den Weinstock herum, die Augen auf die Trauben gerichtet. Ich werde es noch einmal versuchen, dachte er. Wieder nahm er einen Anlauf. Aber wieder reichte er nicht an die Zweige heran. Unsanft fiel er auf die Nase. Nun hörte er die Vögel schadenfroh tschilpen, die im Laub saßen.

Wütend sprang der Fuchs noch einmal nach oben. Und noch einmal. Und noch einmal. Sein Kiefer schnappte nach den roten Früchten. Aber er schaffte es einfach nicht, auch nur eine einzige Traube zu erreichen. Nun lachten ihn die Mäuse und die Vögel gemeinsam aus.

„Klettern müsste man können“, riefen die kleinen Mäuse.

„Flügel müsste man haben“, zwitscherten die Vögel.

Der Fuchs schüttelte sich. Er rümpfte die Schnauze und hochmütig sah er zu den Früchten nach oben. „Pah!“, sagte er. „Ich mag diese Trauben sowieso nicht. Sie sind mir viel zu sauer. Sollen doch die Mäuse sie fressen. Oder die frechen Vögel!“ Und ohne sich umzublicken, stol-

zierte er davon. Die Mäuse und die Vögel hörten noch, wie er wütend rief: „Hätte ich es wirklich gewollt, hätte ich höher springen können als alle zusammen!“

Die Fabel zeigt uns: Es gibt Dinge, die wir einfach nicht schaffen. Ist das schlimm? Nein! Wir können das ruhig zugeben.